Landfrauen Backstube

APFELKUCHEN

garant

Landfrauen Backstube

APFELKUCHEN

Vorwort

Herbstzeit ist Apfelkuchenzeit! Wem zaubert der zimtig-süße Duft von frischem, warmen Apfelkuchen, der aus der Küche langsam durchs Haus zieht, nicht ein Lächeln aufs Gesicht? Erinnert einen doch der verführerische Geruch unweigerlich an die Kindheit. Einem saftigen Kuchen aus frisch geernteten Äpfeln, mit einem Klecks frisch geschlagener Sahne, dem kann keiner widerstehen und begeistert auch heute noch jung und alt.

In den vergangenen Jahren sind verschiedenste Kuchenideen gekommen und gegangen, doch der alt bekannte, klassische Apfelkuchen ist und bleibt immer einer unser Lieblingskuchen. Der einfache Apfelkuchen ist schnell und einfach zubereitet. Rührschüssel und Zutaten raus, Teig gerührt, Äpfel geschält und geschnitten, alles in die Form und zum Abschluss noch leckere Streusel obendrauf – und schon duftet es eine Stunde später verführerisch durch das ganze Haus. Ob in der klassischen Kuchenspringform, als kleine aber feine Muffins oder als großer Blechkuchen, Apfelkuchen schmecken immer nach Landleben, Gemütlichkeit und Geborgenheit.

In diesem Backbuch finden Sie eine große Anzahl an verschiedenen Landfrauen-Rezepten für diesen Klassiker unter den Obstkuchen. Diese alten über Generationen erprobten Rezeptvorschläge sind einfach in der Zubereitung und bestechen, aufgrund der frischen sowie regional und saisonal bezogenen Zutaten, mit ihrem wunderbar, aromatischen Geschmack. Dank der detaillierten Anleitungen gelingen alle Rezepte schnell und einfach und begeistern somit jeden Hobbybäcker aber auch Anfänger in der Backstube.

Den Kuchenklassiker gibt es in den unterschiedlichsten Varianten und mit verschiedenen Teigen. Als Grundteig lassen sich Rührteig, Mürbeteig, Hefeteig und Strudelteig verwenden. Die am meisten zubereiteten Rezepte sind der traditionelle Apfelkuchen mit zimtigen Butterstreuseln sowie der gedeckte Apfelkuchen verfeinert mit Mandeln, Rosinen und Zimt. Daneben lassen sich heute eine Vielzahl weiterer köstlicher sowie ausgefallener Backideen finden. Ob köstlicher Apfelstrudel, leckere Apfelmuffins oder mit Gewürzen wie Vanille, Minze oder Muskat verfeinerte Apfelkuchen, die Möglichkeiten beim Backen sind unendlich. Ein bekannter französischer Klassiker ist die delikate Tarte Tatin, welche gern zum Dessert gereicht wird.

Neben dem Teig ist die Auswahl der verwendeten Apfelsorten ebenfalls von Bedeutung. Knackige, säuerliche Äpfel verleihen einem Apfelkuchen einen ganz anderen Geschmack als süße, saftige Äpfel, die schon länger gelagert wurden. Je nach verwendeter Sorte variiert das Aroma des Kuchens. Verfeinert mit unterschiedlichen Gewürzen, Nüssen, Schokolade und andere Zutaten lassen sich aus dem Klassiker immer wieder neue, unwiderstehliche Kuchenideen zaubern, die Sie und Ihre Lieben beim Kaffee am Nachmittag garantiert begeistern werden.

Im Informationsteil dieses Backbuches finden Sie viele hilfreiche Informationen sowie kleine Tricks, die Ihnen beim Backen der verschiedenen Kuchen garantiert helfen werden. Welche Teigsorten eignen sich für welchen Apfelkuchen? Welche Apfelsorten lassen sich am besten verwenden und wie bereitet man sie am besten vor? Mit welchen Gewürzen lassen sich die Apfelkuchen wunderbar verfeinern? Mit diesen verschiedenen Tipps kann beim Backen dann eigentlich nichts mehr schief gehen.

Also probieren sie unsere liebsten Landfrauen-Rezepte für delikate Apfelkuchen, die wir in diesem einzigartigen Backbuch für Sie zusammengetragen haben. Überraschen Sie Ihre Familie und Freunde bei der nächsten Kaffeerunde mit einem unser köstlichen Apfelkuchen. Sie werden sehen, alle werden begeistert sein. Viel Spaß beim Backen und Genießen wünscht Ihnen

Ihre Redaktion!

Einleitung Apfelkuchen

Die besten Apfelkuchen der Landfrauen

Der klassische Apfelkuchen gilt als typisch deutsches Backwerk. Hierzulande hat jede Region ihre eigenen typischen, traditionellen Rezepte. Doch auch in anderen Ländern ist der leckere Apfelkuchen sehr beliebt. In den USA wird der American Pie gebacken, in Frankreich die Tarte Tatin und in Brasilien der Bolo de Maçã. Diese delikaten Rezepte zeigen wie vielseitig und wandelbar der Apfelkuchen ist.

Äpfel sind auch das beliebteste Obst in Deutschland. Durchschnittlich werden 30 Kilo Äpfel hierzulande im Jahr pro Person gegessen. Weltweit soll es mehr als 20.000 verschiedene Apfelsorten geben. In Deutschland werden schätzungsweise noch etwa 1.600 verschiedene Sorten angebaut. Im Handel werden jedoch nur etwa 20 Sorten angeboten. Seltenere Sorten lassen sich fast nur noch in heimischen Gärten oder auf Wochen- und Bauernmärkten finden. Zu den beliebtesten Sorten gehören Elstar, Jonagold, Breaburn und Boskoop. Überseesorten wie der säuerliche giftgrüne Granny Smith oder neue Züchtungen wie Pink Lady werden auch gerne gekauft.

Apfelsorten

Doch welche Apfelsorte ist die beste für leckeren Apfelkuchen? Bei dieser Frage gehen die Meinungen auseinander. Wichtig ist, die Äpfel sollen ein kräftiges Aroma haben, aber beim Backen nicht auseinanderfallen. Einige bevorzugen süß schmeckende Äpfel, andere eher säuerliche. Süße Äpfel sind meist saftiger und verleihen dem Kuchen einen aromatischen Geschmack. Bei säuerlichen Äpfeln wird der Kuchen nicht zu süß, zudem hat das Fruchtfleisch eine festere Konsistenz und bleibt bei den hohen Temperaturen im Backofen immer noch bissfest. Wer sich nicht entscheiden kann, kann auch mit mehreren Sorten backen.

Der Boskoop, ein beliebter Winterapfel, ist groß bis sehr groß. Seine rauhe Schale ist gelblich-grün mit roten Stellen. Mit seinem herb säuerlichen Aroma, dem mittelfesten Fleisch und dem intensiven Geschmack ist der saftige Apfel bestens für Apfelkuchen geeignet. Eine ebenfalls sehr saftige Apfelsorte ist der Elstar. Dieser mittelgroße kugelige Apfel überzeugt mit einem ausgewogenen und süß säuerlichen Geschmack. Die Schale ist goldgelb bis orangerot und das knackige Fruchtfleisch ist von weiß-gelblicher Farbe. Aufgrund seines frischen Aromas ist er für Apfelkuchen wie Strudel sehr beliebt.

Der Jonagold gehört zu den am häufigsten angebauten Apfelsorten. Der große kugelförmige Apfel hat eine harte, wächserne Schale, aufgrund der er sich gut lagern lässt. Der gelb-orange-rote Apfel schmeckt aromatisch süß und nur leicht säuerlich. Bei zu langer Lagerung wird er weich, da er ein sehr feines Fruchtfleisch hat. Zu den sehr süßen und aromatischen Äpfeln gehört der beliebte Gala. Der klein bis mittelgroße Apfel hat eine glatte, wächserne Schale und ist meist leuchtend rot mit gelben Stellen. Sein Fruchtfleisch ist knackig, fest und saftig. Diese Apfelsorte muss allerdings schnell für Apfelkuchen verarbeitet werden, da das gelbe Fruchtfleisch schnell braun wird.

Der Braeburn eignet sich aufgrund seines leicht säuerlichen Geschmacks ebenfalls für leckere Apfelkuchen. Der mittelgroße Apfel hat eine grün-gelbe Schale mit großflächigen, roten Stellen und ein sehr festes und saftiges Fruchtfleisch. Diese Apfelsorte lässt sich gut lagern und daher bis ins Frühjahr hinein verarbeiten. Ein ausgezeichneter Frühapfel ist der James Grieve. Dieser mittelgroße Apfel zeichnet sich durch eine rot bis gelblich, gestreifte, glatte Schale aus. Das feine Fruchtfleisch ist süß-säuerlich, aber sehr aromatisch und saftig. Aufgrund des frischen Geschmacks eignet sich diese wohlschmeckende Sorte sehr gut für das Backen.

Vorbereitung der Äpfel

Damit der Apfelkuchen optimal gelingt, ist eine richtige Vorbereitung der Äpfel wichtig. Es empfiehlt sich, die Äpfel zügig zu verarbeiten, da das Fruchtfleisch sonst austrocknet und braun anläuft. Das Verfärben können Sie jedoch verhindern, indem Sie die Apfelschnitze leicht mit Zitronensaft beträufeln.

Waschen Sie die Äpfel gründlich und schneiden Sie sie in einzelne Viertel oder Achtel. Oftmals passiert es, dass die Stücke beim Entfernen des Kerngehäuses zerbrechen. Wenn Sie dieses von der Blüte zum Stiel hin vorsichtig herausschneiden, kann dies jedoch nicht so schnell passieren. Ein Apfelkuchen vom Blech sieht mit Apfelringen sehr dekorativ aus. Im Handel bekommt man spezielle Ausstecher, mit denen Sie das Kerngehäuse entfernen können. Der entkernte Apfel muss anschließend sorgsam in gleichmäßige Scheiben geschnitten werden. Ist das Fruchtfleisch der Äpfel sehr fest, schneiden Sie es blättrig ein. So garen die Apfelschnitze beim Backen im Ofen schneller durch. Um das Durchschneiden der Stücke zu verhindern, können Sie einen Löffelstiel vor das jeweilige Apfelstück legen. Gebratene Apfelstücke verleihen einem Apfelkuchen eine besondere Note. Geben Sie dazu die geschnittenen Stückchen mit etwas Butter in eine Pfanne und braten Sie sie langsam bei niedriger Hitze weich. Die gebratenen Schnitze können Sie anschließend mit Zimt, Zucker oder gemahlenen Mandeln beliebig verfeinern.

Einleitung
Apfelkuchen

Teigsorten
Der für einen Apfelkuchen verwendete Teig variiert je nach Rezept. Für die verschiedenen Apfelkuchenideen können Sie einen Rührteig, einen Mürbeteig, einen Hefeteig, einen Strudelteig oder einen Quark-Öl-Teig zur Zubereitung verwenden.

Den Rührteig gibt es als klassischen Eischwerteig oder als schnellen Rührteig. Für einen Eischwerteig wird auf die Zugabe eines Backtriebmittels verzichtet. Die Zugabe der Zutaten Butter, Zucker und Mehl richtet sich nach der Menge der verwendeten Eier, welche unbedingt getrennt werden müssen. Die Eigelbe werden mit den Zutaten gründlich verrührt und das Eiweiß als fester Eischnee untergehoben. Beim schnellen Rührteig wird Backpulver als Triebmittel verwendet und die Eier müssen nicht getrennt werden. Nach der Zugabe des Mehls darf der Teig nicht zu lange gerührt werden, damit er nicht klebrig wird. Backen Sie einen Kuchen aus Rührteig etwa eine Stunde im Backofen.

Mürbeteig eignet sich wunderbar für die verschiedensten Obstkuchen. Ist er perfekt gelungen, zergeht er wunderbar zart auf der Zunge. Wichtig bei der Zubereitung eines Mürbeteigs ist, dass alle Zutaten kalt verwendet und sehr gut miteinander verknetet werden. Ist die Butter nicht „kühlschrank-kalt" und zu weich, wird der Teig klebrig und lässt sich nur schwer verarbeiten. Bevor er in eine Form gegeben wird, sollten Sie ihn zu einer Kugel formen, in Folie einwickelt und ein bis zwei Stunden im Kühlschrank ruhen lassen.

Der Hefeteig eignet sich aufgrund seiner lockeren und weichen Konsistenz wunderbar für leichte Apfelkuchen. Die Grundzutaten sind Mehl, Flüssigkeit, etwas Salz, Zucker und Hefe. Beim Hefeteig müssen alle Zutaten Raumtemperatur haben, da die Hefe sehr empfindlich auf Kälte oder Hitze reagiert. Wird frische Hefe verwendet, muss ein Vorteig angesetzt werden, der erst „gehen" muss. Trockenhefe kann sofort mit dem Mehl und den Zutaten vermischt werden. Der Teig muss solange verknetet werden, bis er sich von der Schüssel löst. Anschließend muss er an einem warmen Platz ruhen, sodass er gut aufgehen kann. Bevor er dann endgültig verarbeitet wird, kneten Sie den Teig nochmals gründlich durch.

Der Strudelteig ist ein sehr köstlicher und blättriger Teig für Feingebäcke wie Apfelstrudel. Der Teig aus Mehl, einer Prise Salz, Öl und Wasser muss so lange intensiv durchgeknetet werden, bis er glänzt und die gewünschte Elastizität hat. Nach einem mindestens halbstündigen Ruhen wird er auf einem Tuch ausgerollt und mit den Händen dünn ausgezogen. Nach dem Füllen können Sie ihn mit Hilfe des Tuches aufrollen und in den Backofen geben.

Der Quark-Öl-Teig wird bevorzugt für Blechkuchen verwendet, da er nicht aufgehen braucht und sofort weiterverarbeitet werden kann. Die Grundzutaten sind Quark, Salz, Öl, Milch, Zucker, Mehl und Backpulver. Sie müssen zu einem geschmeidigen Teig verrührt werden. Dieser lässt sich beliebig ausrollen, formen, füllen und belegen.

Verfeinernde Zutaten für den Apfelkuchen

Es gibt viele Möglichkeit, einen klassischen Apfelkuchen geschmacklich mit weiteren Zutaten zu verfeinern. Feine Gewürze wie Zimt, eine Prise Muskat oder Vanille harmonieren wunderbar mit dem Geschmack frischer Äpfel. Muskat verleiht einem Apfelkuchen ein sehr erdiges Aroma. Zimt ist ein klassisches Gewürz für Apfelkuchen und erinnert mit seinem Geschmack immer ein wenig an Weihnachten. Für eine Intensivierung des Geschmacks vom Teig lassen sich Backaromen wie Rum-, Mandel- oder Vanillearoma verwenden. Rosinen geben dem Apfelkuchen eine süße Geschmacksnote. Falls man Rosinen auch mit einbacken möchte, kann man diese noch zusätzlich in Rum einlegen.

Für einen Apfelkuchen mit einem etwas exotischeren Geschmack, kann man die Äpfel nach dem Schneiden mit Ingwer einreiben sowie noch einige Quitten kleinschneiden und dazugeben.

Mögen Sie den Kuchen sehr aromatisch, versuchen Sie doch einmal die Apfelschnitze in Weißwein, Apfelwein oder Apfelsaft einzulegen und zu marinieren.

Für einen lieblichen und süßeren Geschmack können Sie einen Teil der Äpfel durch Birnen ersetzen. Weitere delikate Zutaten für Apfelkuchen sind Marzipan, Honig, Amaretto, Nüsse wie Mandel, Walnüsse und Haselnüsse sowie leckeres Apfelmus. Mit ein wenig Kreativität findet jeder seine Lieblingszutaten zum Verfeinern köstlicher Apfelkuchen.

Landfrauen Backstube

APFELKUCHEN

garant

Apfelkuchen mit Zitronenglasur

Für 12–14 Stücke:

Für den Rührteig:
175 g weiche Butter
150 g Zucker
1 Päckchen Zitronenaroma
5 Eier, 250 g Mehl
1 TL Backpulver

Außerdem:
Fett für die Form
Semmelbrösel zum Ausstreuen
750 g Äpfel
50 g Rumrosinen
30 g Mandelblättchen
100 g Zitronenglasur
Puderzucker zum Bestäuben
Mandelblättchen zum Bestreuen

Vorbereitungszeit:
30–35 Minuten ohne Wartezeit

Backzeit:
40–45 Minuten

Tipp:

Wie bei allen Gebäcksorten gilt auch für den Rührkuchen: Das Beste ist gerade gut genug. Denn nur gute Qualität und frische Zutaten garantieren ein gelungenes Backergebnis. Achten Sie schon beim Einkauf der Zutaten darauf, dass die Backzutaten erstklassig sind. Ob Eier, Butter, Sahne, Milch, Quark, das Haltbarkeitsdatum ist wichtig. Zur Herstellung eines leckeren Rührkuchens können Sie Butter, Margarine, Butterschmalz oder Öl verwenden, das bleibt Ihrem persönlichen Geschmack überlassen. Der Zucker sollte möglichst fein sein, damit er sich schnell auflöst. Gesiebter Puderzucker ist hier eine Alternative zum normalen Zucker.

1. Die weiche Butter mit dem Zucker und dem Zitronenaroma in eine Schüssel geben und weißschaumig schlagen. Die Eier einzeln nach und nach kräftig darunterrühren.

2. Das gesiebte Mehl mit dem Backpulver vermischen und mit einem Kochlöffel unter die Schaummasse rühren. Den Teig in eine ausgefettete, mit Semmelbröseln ausgestreute Springform (26 cm Ø) geben und glatt streichen.

3. Die Äpfel schälen, vierteln und das Kerngehäuse herausschneiden. Die Äpfel in dünne Schnitze schneiden, mit den Rumrosinen vermischen und gleichmäßig auf dem Teig verteilen.

4. Den Kuchen mit den Mandelblättchen bestreuen und in dem auf 180 °C vorgeheizten Backofen auf der mittleren Schiene 40–45 Minuten backen.

5. Mit einem Holzstäbchen prüfen, ob der Kuchen durchgebacken ist. Den Apfelkuchen aus dem Ofen nehmen und vollständig auskühlen lassen.

6. Den Kuchen mit der nach Packungsanweisung zubereiteten Zitronenglasur beträufeln und diese vollständig abtrocknen lassen.

7. Den Apfelkuchen mit Puderzucker bestäuben, mit Mandelblättchen bestreuen, aus der Form nehmen, auf eine Kuchenplatte setzen, in Stücke schneiden, dekorativ anrichten und bis zum Verzehr kühl stellen.

Apfelkuchen mit Frischkäse

FÜR 12–14 STÜCKE:

Für den Mürbeteig:
300 g Mehl, 1 Ei
200 g Zucker
200 g Butter
Mehl zum Ausrollen
Fett für die Form

Für die Füllung:
3 Eier
120 g Zucker
1 Päckchen Zitronenzucker
500 g Doppelrahmfrischkäse
1 Päckchen Sahnepuddingpulver
3–4 Äpfel

Außerdem:
Puderzucker zum Bestäuben
Apfelschnitze und Zitronenmelisseblättchen zum Belegen

1. Das Mehl auf eine Arbeitsfläche sieben, eine Mulde eindrücken und das Ei hineingeben.

2. Den Zucker darüberstreuen. Die Butter in Flöckchen auf das Mehl setzen und die Zutaten mit bemehlten Händen von außen nach innen schnell zu einem glatten, kompakten Teig verkneten.

3. Den Mürbeteig in Frischhaltefolie wickeln und im Kühlschrank mindestens eine Stunde ruhen lassen.

4. Den Teig auf einer bemehlten Arbeitsfläche ausrollen und eine ausgefettete Springform (26 cm Ø) damit auslegen, dabei einen 2–3 cm hohen Rand formen.

5. Die Eier mit dem Zucker und dem Zitronenzucker schaumig rühren, den Doppelrahmfrischkäse und das Puddingpulver dazugeben, das Ganze glatt rühren und auf dem Teig verteilen.

6. Die Äpfel schälen, entkernen, in Würfel schneiden und auf den Frischkäse streuen.

7. Den Kuchen im auf 180–200 °C vorgeheizten Backofen 55–60 Minuten backen, herausnehmen und in der Form erkalten lassen.

8. Den Apfelkuchen mit Frischkäse aus der Form lösen, mit Puderzucker bestäuben, mit Apfelschnitzen und Zitronenmelisseblättchen garnieren, in Stücke schneiden und servieren.

Tipp:

Die Grundzutaten des Mürbeteiges sind Mehl, Fett, Zucker und manchmal Ei. Sie lassen sich nach festen Schemen berechnen, ohne die vielen Variationsmöglichkeiten einzuschränken. Der feinste aller Mürbeteige besteht zu gleichen Teilen aus Mehl und Fett mit der halben Fettmenge Zucker. Er ist ideal für feine Torten und leckere Kekse. Sehr häufig wird für Obstkuchen und Torteletts der 3 : 2 : 1-Mürbeteig eingesetzt. 3 Teile Mehl werden mit 2 Teilen Fett und 1 Teil Zucker verknetet, wobei oft noch Eigelb dazukommt – 1 Ei auf 250 g Mehl.

Vorbereitungszeit:
30–35 Minuten ohne Wartezeit

Backzeit:
55–60 Minuten

Badischer Apfelkuchen

FÜR 12–14 STÜCKE:

Für den Streuselteig:
250 g Mehl, 1 Eigelb
2 EL Wasser, ½ TL Salz
125 g Butter, Butter zum Ausfetten

Für den Belag:
100 g gemahlene Mandeln
750 g Äpfel, Saft von 1 Zitrone
50 g Butter, 1 EL Zucker, 1 Msp. Zimt

Für die Creme:
30 g Butter, 1 TL Speisestärke
1 Vanilleschote, 300 ml Sahne
2 Eier, 1 Eigelb, 1 EL Zucker
2 EL Vanillezucker, 1 EL Calvados

Außerdem:
Zucker zum Bestreuen
zerlassene Butter zum Beträufeln
karamellisierte Apfelstücke zum Belegen
Puderzucker zum Bestäuben

1. Das Mehl auf eine Arbeitsfläche sieben, eine Mulde eindrücken und das Eigelb sowie das Wasser hineingeben. Das Salz auf das Mehl streuen, die Butter in Flöckchen daraufsetzen und die Zutaten mit bemehlten Händen zu einem Streuselteig verkneten. Den Teig im Kühlschrank mindestens eine Stunde ruhen lassen.

2. Den Teig auf einer bemehlten Arbeitsfläche in der Größe einer Springform (26 cm Ø) ausrollen, in die nur am Boden ausgefettete Form legen und einen Rand hochziehen. Die gemahlenen Mandeln auf dem Teig verteilen.

3. Die Äpfel schälen, halbieren, entkernen, würfeln und mit Zitronensaft beträufeln. Die Apfelwürfel auf den Mandeln verteilen. Die Butter schmelzen und die Äpfel damit bestreichen.

4. Den Apfelkuchen im auf 180 °C vorgeheizten Ofen 15 Minuten backen. Den Zucker mit dem Zimt vermischen, über die Äpfel streuen und den Kuchen weitere 10 Minuten backen.

5. Für die Creme Butter in einem Topf schmelzen. Speisestärke, ausgeschabtes Vanillemark und Sahne zur Butter geben und unterrühren. Eier, Eigelb, Zucker und Vanillezucker in einer Schüssel schaumig schlagen und die heiße Sahnebutter nach und nach unterrühren. Mit Calvados aromatisieren und die Creme auf dem Kuchen verteilen.

6. Den Apfelkuchen weitere 15 Minuten backen, die Creme soll fest sein. Dann mit etwas Zucker bestreuen, die zerlassene Butter darüberträufeln und den Zucker leicht karamellisieren lassen. Den Kuchen aus dem Ofen nehmen und erkalten lassen.

7. Den Badischen Apfelkuchen mit karamellisierten Apfelstückchen garnieren, mit Puderzucker bestäuben, auf eine Tortenplatte setzen und servieren.

Vorbereitungszeit:
30–35 Minuten ohne Wartezeit

Backzeit:
45–50 Minuten

Tipp:

Die nach wie vor am meisten gekauften Backöfen sind die Elektro- und Gasherde. Beide backen nach dem gleichen Prinzip, nämlich mit Strahlungshitze, die direkt auf das Backgut einwirkt. In diesen Herden wird auf einer Ebene gebacken, daher ist es wichtig, das Gebäck in der richtigen Höhe einzuschieben. Die meisten Herde haben Einschubleisten in verschiedenen Höhen, und als Faustregel gilt: Über der erwarteten Kuchenhöhe muss ein Abstand von 15 cm bleiben. Backen Sie einen Kuchen, der stark aufgeht, in einer hohen Form, so gehört er auf die untere Schiene. Auf die 2. Schiene kommen höhere Tortenböden, Windbeutel usw., und auf die 3., die mittlere Schiene, schiebt man Obstkuchenböden, Plätzchen und Blechkuchen.

Apfelkuchen mit Schmand

FÜR 12–14 STÜCKE:

Für den Mürbeteig:
125 g Mehl, 1 Eigelb, 50 g Zucker
1 Päckchen Vanillezucker
25 g gemahlene Haselnüsse
60 g Butter, Mehl zum Ausrollen
1 TL Butter zum Ausfetten
1 EL Semmelbrösel zum Bestreuen

Für den Belag:
1 kg Äpfel, Saft von 1 Zitrone
50 g eingeweichte Rosinen

Für den Guss:
200 g Schmand, 150 g Zucker
1 Päckchen Zitronenaroma, 5 Eier
1 Päckchen Vanillepuddingpulver
200 ml süße Sahne

Außerdem:
Puderzucker zum Bestäuben
Apfelspalten und Rosmarinzweige zum Garnieren

1. Das Mehl auf eine Arbeitsfläche sieben, eine Mulde eindrücken und das Eigelb hineingeben.

2. Den Zucker, den Vanillezucker und die Haselnüsse darüberstreuen. Die Butter in Flöckchen auf das Mehl setzen und die Zutaten mit bemehlten Händen von außen nach innen schnell zu einem glatten, kompakten Teig verkneten.

3. Den Teig in Klarsichtfolie wickeln und im Kühlschrank mindestens eine Stunde ruhen lassen.

4. Anschließend den Teig auf einer bemehlten Arbeitsfläche in der Größe einer Springform (26 cm Ø) ausrollen und den Teig in die ausgefettete, mit Semmelbröseln ausgestreute Form legen.

5. Die Äpfel schälen, halbieren, entkernen, in Spalten schneiden und diese mit Zitronensaft beträufeln. Die Apfelspalten auf dem Teigboden verteilen und die Rosinen darüberstreuen.

6. Für den Guss den Schmand mit dem Zucker, dem Zitronenaroma und den Eiern verrühren. Das Puddingpulver und die Sahne einrühren. Die Masse ist sehr flüssig!

7. Den Guss auf die Äpfel gießen und den Kuchen im auf 180 °C vorgeheizten Backofen 50–55 Minuten backen.

8. Den fertig gebackenen Kuchen aus dem Backofen nehmen und in der Form erkalten lassen.

9. Den Apfelkuchen mit Schmand aus der Form nehmen, auf eine Tortenplatte setzen, mit Puderzucker bestäuben, mit Apfelspalten und Rosmarinzweigen garnieren und servieren.

Vorbereitungszeit:
30 Minuten ohne Wartezeit

Backzeit:
50–55 Minuten

Tipp:
Der Quark-Öl-Teig ist der einfachste aller Quarkteige. Der Quark wird mit dem Öl verschlagen und unter das mit Backpulver vermischte Mehl geknetet. Er braucht keine langen Ruhezeiten, darf aber auch beim Kneten und Verarbeiten nicht zu warm werden. Im Durchschnitt rechnet man mit doppelt so viel Mehl wie Quark, wobei es – je nach Feuchtigkeitsgehalt des Quarks – sein kann, dass noch ein wenig Milch dazugegeben werden muss. Für süße Teige mischt man den Zucker gleich unter den Quark, damit er sich besser löst. Zur optimalen Bräunung fügt man noch ein Ei oder ein Eigelb hinzu.

Apfelkuchen mit Mohn

VORBEREITUNGSZEIT:
30–35 Minuten ohne Wartezeit

BACKZEIT:
40–45 Minuten

FÜR 12–14 STÜCKE:

Für den Hefeteig:
150 g Mehl
½ Würfel Hefe
60 ml lauwarme Milch
30 g Zucker, 50 g Butter, 1 Ei
Saft und abgeriebene Schale von 1 unbehandelten Zitrone
Fett für die Form

Für den Belag:
250 g Mohnkuchenfüllung (Fertigprodukt)
1 kg Äpfel
50 g Zucker
300 g Speisequark
300 ml Sahne
1 Ei, 1 Eigelb
75 g Zucker
1 Päckchen Vanillezucker
abgeriebene Schale von 1 unbehandelten Zitrone
1 Päckchen Vanillepuddingpulver
1 Prise Salz

Außerdem:
200 ml Sahne
1 Päckchen Sahnesteif
Zucker zum Süßen
Mohn zum Bestreuen
Apfelspalten zum Verzieren

1. Das Mehl in eine Schüssel sieben und eine Mulde in die Mitte drücken.

2. Die Hefe hineinbröckeln, die lauwarme Milch angießen, mit dem Zucker und etwas Mehl verrühren und den Vorteig zugedeckt an einem warmen Ort etwa 15 Minuten gehen lassen.

3. Die weiche Butter, das Ei, den Zitronensaft und die abgeriebene Zitronenschale dazugeben und alles zu einem glatten Teig verarbeiten.

4. Anschließend den Hefeteig mit einem Kochlöffel so lange schlagen, bis er Blasen wirft. Den Teig zudecken und an einem warmen Ort 20–30 Minuten gehen lassen.

5. Anschließend den Teig nochmals kurz durchkneten. Eine Springform ausfetten und mit dem Hefeteig auslegen, dabei einen 3 cm hohen Rand formen.

6. Den Hefeteig mit der Mohnkuchenfüllung bestreichen. Die Äpfel schälen, vierteln, entkernen, in Spalten oder Würfel schneiden, auf dem Kuchen verteilen und mit Zucker bestreuen.

7. Den Quark mit der Sahne, dem Ei, dem Eigelb, dem Zucker, dem Vanillezucker, der abgeriebenen Zitronenschale, dem Vanillepuddingpulver und dem Salz glatt rühren.

8. Die Quarkmasse auf den Äpfeln verteilen, glatt streichen und den Apfel-Mohn-Kuchen im auf 180 °C vorgeheizten Backofen 40–45 Minuten backen.

9. Den Kuchen aus dem Backofen nehmen, kurz abkühlen lassen, aus der Springform nehmen, auf ein Kuchengitter setzen und den Kuchen vollständig erkalten lassen.

10. Die Sahne mit dem Sahnesteif steif schlagen und mit Zucker nach Geschmack süßen. Die Sahne in einen Spritzbeutel mit Sterntülle füllen, auf den Kuchen dressieren und mit Mohn bestreuen.

11. Den Apfel-Mohn-Kuchen in Stücke schneiden, diese mit Apfelspalten verzieren und servieren.

Apfelpie mit Honigguss

FÜR 12–16 STÜCKE:

Für den Mürbeteig:
200 g Mehl, 1 Ei, 80 g Zucker
1 Päckchen Vanillezucker
50 g gemahlene Haselnüsse
120 g Butter, Mehl zum Ausrollen

Für den Belag:
1 kg Äpfel, Saft von 1 Zitrone

Für den Guss:
500 g Honig, 100 g Butter
1 Päckchen Vanillezucker
3 Eier, 50 g Mehl
50 g gemahlene Haselnüsse

Außerdem:
100 g Honig, 1–2 EL Mandelblättchen
Rosmarinzweige zum Garnieren

1. Das Mehl auf eine Arbeitsfläche sieben, eine Mulde eindrücken und das Ei hineingeben. Den Zucker, den Vanillezucker und die Haselnüsse darüberstreuen, die Butter in Flöckchen auf das Mehl setzen.

2. Die Zutaten mit bemehlten Händen zu einem glatten Mürbeteig verkneten. Den Teig in Klarsichtfolie wickeln und im Kühlschrank mindestens eine Stunde ruhen lassen.

3. Anschließend den Teig auf einer bemehlten Arbeitsfläche in der Größe einer Springform (26 cm Ø) ausrollen, in die mit Backpapier ausgelegte Form legen und einen Rand hochziehen.

4. Einen Apfel beiseitelegen. Die restlichen Äpfel schälen, entkernen, achteln oder vierteln, mit Zitronensaft beträufeln und gleichmäßig auf dem Mürbeteig verteilen.

5. 350 g Honig erwärmen und über die Äpfel träufeln. Für den Guss die Butter mit dem restlichen Honig und dem Vanillezucker in eine Schüssel geben und schaumig schlagen. Die Eier einzeln nach und nach kräftig unterrühren. Das Mehl mit den Haselnüssen vermischen und unter die Eicreme heben.

6. Die Masse auf die Äpfel geben und glatt streichen. Den Kuchen in dem auf 180 °C vorgeheizten Backofen 40–45 Minuten backen.

7. Nach Ende der Backzeit den fertigen Kuchen aus dem Ofen nehmen, erkalten lassen und auf eine Tortenplatte setzen. Den restlichen Apfel waschen, schälen, entkernen und in Schnitze teilen. Den Honig in einer Pfanne erhitzen und die Apfelschnitze darin wenden, herausnehmen und auf dem Kuchen verteilen.

8. Die Mandelblättchen in die Pfanne geben und im Honig wenden. Den Apfel-Honig-Kuchen mit den Mandelblättchen bestreuen, mit Rosmarinzweigen garnieren und servieren.

VORBEREITUNGSZEIT:
30 Minuten ohne Wartezeit

BACKZEIT:
40–45 Minuten

TIPP:

Die Zubereitung von einem Mürbeteig ist kinderleicht, jedoch sollte man beachten, dass die Zutaten bei der Verarbeitung kalt sein müssen und auch die Hände unter kaltem Wasser gründlich abgespült und dann abgetrocknet werden. Um die Knetzeit zu verkürzen, hat es sich bewährt, die Zutaten mit einem Messer zu hacken, bis sie sich bröselig miteinander vermischt haben. Geknetet wird am besten auf einer Arbeitsfläche: Greifen Sie dazu mit den ausgestreckten Fingern beider Hände seitlich unter den Teig, heben Sie ihn von hinten zur Mitte und drücken Sie ihn von vorne mit den Handballen wieder zusammen. Dies sollte sehr rasch geschehen und nur so lange, bis auf der Arbeitsfläche kein Mehl mehr zu sehen ist.

Apfelkuchen mit Mürbeteiggitter

FÜR 12–16 STÜCKE:

Für den Mürbeteig:
300 g Mehl
1 Ei
200 g Zucker
1 Päckchen Vanillezucker
175 g Butter
Fett für die Form
Semmelbrösel zum Ausstreuen

Für die Füllung:
1 kg Äpfel
½ TL Zimtpulver
50 g Zucker
125 g Zwieback

Außerdem:
100–150 g Quittenmarmelade zum Bestreichen
Mandelblättchen zum Bestreuen
Melissezweige zum Garnieren

VORBEREITUNGSZEIT:
40 Minuten ohne Wartezeit

BACKZEIT:
45–50 Minuten

1. Das Mehl auf eine Arbeitsfläche sieben, eine Mulde eindrücken und das Ei hineingeben.

2. Den Zucker und den Vanillezucker darüberstreuen, die Butter in Flöckchen auf das Mehl setzen und die Zutaten von außen nach innen mit bemehlten Händen schnell zu einem glatten, kompakten Teig verarbeiten.

3. Den Teig in Klarsichtfolie wickeln und im Kühlschrank mindestens eine Stunde ruhen lassen.

4. Eine gefettete Springform (26 cm Durchmesser) mit den Semmelbröseln ausstreuen. Zwei Drittel des Teiges auf einer bemehlten Arbeitsfläche in der Größe der Form ausrollen, den Teig in die Form legen und einen Rand hochziehen.

5. Für die Füllung die Äpfel schälen, entkernen, in Spalten schneiden und in eine Schüssel geben. Das Zimtpulver mit dem Zucker vermischen und mit dem geriebenen Zwieback unter die Apfelspalten mischen. Die Apfelspalten auf dem Teig verteilen.

6. Den restlichen Teig auf einer bemehlten Arbeitsfläche ausrollen und mit dem Teigrädchen Streifen ausschneiden. Diese gitterförmig auf die Füllung legen.

7. Den Kuchen im auf 180 °C vorgeheizten Backofen 45–50 Minuten backen. Den fertig gebackenen Kuchen aus dem Backofen nehmen und mit der erwärmten, glatt gerührten Quittenmarmelade bestreichen.

8. Den Apfelkuchen mit Mürbeteiggitter erkalten lassen, auf eine Kuchenplatte setzen, in Stücke schneiden, mit Mandelblättchen bestreuen, mit Melissezweige garnieren, dekorativ anrichten und bis zum Verzehr kühl stellen.

Spanischer Apfelkuchen

FÜR 12–16 STÜCKE:

3–4 Äpfel
60 ml Rum

Für den Rührteig:
200 g Butter
200 g Zucker
4 Eier
125 g gehackte Nüsse
2 EL Kakaopulver
1 TL Zimtpulver
1 TL Backpulver
200 g Mehl
60 ml Rum
Butter zum Ausfetten

Außerdem:
weiße Kuvertüre zum Verzieren
Apfelschnitze zum Belegen
Rosmarinzweige zum Garnieren

1. Die Äpfel schälen, entkernen, in Würfel schneiden und mit der Hälfte des Rums tränken.

2. Die Butter mit dem Zucker in einer Schüssel schaumig schlagen. Die Eier einzeln nach und nach kräftig einrühren.

3. Die gehackten Nüsse mit dem gesiebten Kakao, dem Zimtpulver, dem Backpulver und dem gesiebten Mehl vermischen und unter den Teig rühren. Den restlichen Rum und die Apfelwürfel unterheben.

4. Den Teig in eine ausgefettete Springform füllen, glatt streichen und im auf 180 °C vorgeheizten Backofen 40–45 Minuten backen.

5. Nach Ende der Backzeit den Spanischen Apfelkuchen aus dem Backofen nehmen, in der Form erkalten lassen, aus der Form nehmen und auf eine Tortenplatte setzen.

6. Die weiße Kuvertüre raspeln und im Wasserbad schmelzen. In einen Spritzbeutel mit sehr kleiner Öffnung füllen und den Spanischen Apfelkuchen damit verzieren.

7. Den Spanischen Apfelkuchen dekorativ anrichten, mit Apfelschnitzen belegen, mit Rosmarinzweigen garnieren, die Glasur vollständig abtrocknen lassen und den Apfelkuchen bis zum Verzehr kühl stellen.

Vorbereitungszeit:
25–30 Minuten ohne Wartezeit

Backzeit:
40–45 Minuten

Tipp:

Damit der Kuchenteig gut aufgeht, verwenden wir Backpulver. Es wird immer mit dem Mehl vermischt und zum Schluss unter den Teig gerührt. Anschließend sollte der Teig nicht mehr allzu lange stehen, damit die Triebkraft nicht verloren geht. Backpulver besteht aus Natron und einem chemischen Säureträger. Im Reformhaus erhalten Sie auch das bekömmlichere Weinsteinbackpulver, das Weinstein, das Salz der Weinsäure, als Säureträger hat.

Apfelkuchen mit Zimt und Walnüssen

Vorbereitungszeit:
30–40 Minuten ohne Wartezeit

Backzeit:
50–55 Minuten

Für 12–14 Stücke:

Für den Mürbeteig:
300 g Mehl, 1 Ei
175 g Zucker
½ TL Zimt
175 g Butter
Mehl zum Ausrollen
1 TL Butter zum Ausfetten
1 EL Semmelbrösel zum Bestreuen

Für den Belag:
1,2 kg Apfelspalten
500 ml Zuckerwasser
150 g Zucker
200 g gehackte Walnusskerne
50 g Semmelbrösel
1 TL Zimt

Außerdem:
100 g Aprikosenmarmelade
1 Packung Zitronenglasur
30 g Mandelblättchen
100 g Walnusshälften

1. Das Mehl auf eine Arbeitsfläche sieben, eine Mulde eindrücken und das Ei hineingeben.

2. Den Zucker und den Zimt darüberstreuen. Die Butter in Flöckchen auf das Mehl setzen und die Zutaten mit bemehlten Händen von außen nach innen schnell zu einem glatten Teig verkneten.

3. Den Teig in Klarsichtfolie wickeln und im Kühlschrank mindestens eine Stunde ruhen lassen.

4. Zwei Drittel des Teiges auf einer bemehlten Arbeitsfläche in der Größe einer Springform (26 cm Ø) ausrollen.

5. Den Teig in die ausgefettete, mit Semmelbröseln bestreute Form legen und einen Rand hochziehen.

6. Die Apfelspalten in das kochende Zuckerwasser geben und kurz aufkochen lassen. Die Äpfel abgießen, gut abtropfen lassen, abkühlen lassen und in eine Schüssel geben.

7. Die Apfelspalten mit dem Zucker, den Walnusskernen, den Semmelbröseln und dem Zimt vermischen und gleichmäßig auf dem Teig verteilen.

8. Den restlichen Mürbeteig auf einer bemehlten Arbeitsfläche in der Größe der Springform ausrollen und die Apfelfüllung damit abdecken. Den Apfelkuchen im auf 180 °C vorgeheizten Backofen 50–55 Minuten backen, Den fertigen Kuchen aus dem Ofen nehmen und in der Form erkalten lassen.

9. Die Aprikosenmarmelade erhitzen, durch ein Sieb streichen und den Kuchen damit glasieren. Die Zitronenglasur nach Packungsanweisung zubereiten, in einen kleinen Spritzbeutel füllen und Linien auf den Kuchen spritzen.

10. Den Kuchen mit Mandelblättchen bestreuen und mit Walnusshälften garnieren. Die Glasur trocknen lassen, den Apfelkuchen dekorativ anrichten und bis zum Verzehr kühl stellen.

Apfelmuskuchen mit Mandeln

Für 12–14 Stücke:

Für den Krümelteig:
250 g Mehl
1 TL Backpulver
100 g Zucker
125 g Butter
1 Ei
1 Prise Salz
Butter zum Ausfetten

Für die Füllung:
4 Äpfel
1 kleines Glas Apfelmus

Außerdem:
100 g zerlassene Butter
100 g Zucker
200 g Mandelblättchen
Puderzucker zum Bestäuben
Rosmarinzweige zum Garnieren

Vorbereitungszeit:
25–30 Minuten ohne Wartezeit

Backzeit:
45–50 Minuten

Tipp:

Wenn Sie sich einen neuen Herd angeschafft haben, sollten Sie die Gebrauchsanweisung mit den angegebenen Temperaturen in unseren Rezepten vergleichen. Sinnvoll ist es, abweichende Temperaturen oder Backzeiten direkt beim Rezept zu vermerken. Heißluftherde arbeiten mit einem Umluftsystem, das die Hitze gleichmäßig im ganzen Ofen verteilt. So wird das gleichzeitige Backen auf mehreren Ebenen möglich, und Sie können süßes und salziges Gebäck gleichzeitig einschieben, weil eine Geruchs- oder Geschmacksübertragung nicht stattfindet. Heißluftherde müssen nicht vorgeheizt werden, und weil mit niedrigeren Temperaturen gebacken wird, kann bei optimaler Backraumausnutzung bis zu 30 % Energie eingespart werden.

1. Das gesiebte Mehl mit dem Backpulver und dem Zucker in eine Schüssel geben und vermischen.

2. Die Butter in Flöckchen daraufsetzen. Das Ei und das Salz dazugeben und die Zutaten zu einem Krümelteig verarbeiten.

3. Den Teig in eine ausgefettete Springform (26 cm Ø) füllen und andrücken, dabei einen Rand hochziehen.

4. Für die Füllung die Äpfel schälen, halbieren, entkernen, raspeln, mit dem Apfelmus vermischen und auf dem Teig glatt streichen.

5. Die zerlassene Butter mit dem Zucker und den Mandelblättchen vermischen und auf dem Apfelmus verteilen.

6. Den Apfelmuskuchen im auf 180 °C vorgeheizten Backofen 45–50 Minuten backen.

7. Den fertig gebackenen Kuchen aus dem Backofen nehmen und in der Form erkalten lassen.

8. Den Apfelmuskuchen aus der Form nehmen, auf eine Tortenplatte setzen, mit Puderzucker betäuben, mit Rosmarinzweigen garniereen und bis zum Verzehr kühl stellen.

Krumbacher Apfeldatschi

Für 12–16 Stücke:

Für den Hefeteig:
300 g Mehl
1 Prise Salz
75 g Zucker
1 Päckchen Vanillezucker, abgeriebene Schale von
1 unbehandelten Zitrone
1⁄2 Würfel Frischhefe
50 ml lauwarme Milch
50 g Butter, 1 Ei, Fett für das Blech

Für den Belag:
500 g Magerquark
100 g Zucker
1 Päckchen Vanillezucker
1 Ei, 100 ml Sahne
1 EL Speisestärke
1,5 kg Äpfel
50 g Zucker, ½ TL Zimtpulver

Außerdem:
100 g gehackte Mandel
Rosmarinzweige zum Garnieren

1. Das Mehl in eine große Schüssel sieben. Das Salz, den Zucker, den Vanillezucker und die abgeriebene Zitronenschale untermischen.

2. Eine Mulde in die Mitte drücken und die Hefe hineinbröckeln. Die Milch angießen, etwas Mehl einrühren und zugedeckt an einem warmen Ort 10 Minuten gehen lassen.

3. Die Butter schmelzen und wieder abkühlen lassen, mit dem Ei in die Schüssel geben und das Ganze zu einem glatten Teig verkneten.

4. Zugedeckt an einem warmen Ort 30 Minuten gehen lassen, nochmals durchkneten, auf einer bemehlten Arbeitsfläche ausrollen und eine gefettete Springform (24 x 24 cm) damit auslegen. Dabei einen kleinen Rand hochziehen.

5. Den Quark mit dem Zucker, dem Vanillezucker, dem Eigelb und der Sahne glatt rühren. Die Speisestärke einrühren und das steif geschlagene Eiweiß unterheben. Die Quarkmasse auf dem Hefeteig verteilen und glatt streichen.

6. Die Äpfel schälen, entkernen, in Spalten schneiden und dekorativ auf die Quarkmasse legen. Den Zucker und das Zimtpulver vermischen und darüberstreuen.

7. Den Kuchen im auf 180–200 °C vorgeheizten Backofen 35–40 Minuten backen. Herausnehmen und erkalten lassen. Den Kuchen in Stücke schneiden, mit gehackten Mandeln bestreuen, mit Rosmarinzweigen garnieren und bis zum Verzehr kühl stellen.

Vorbereitungszeit:
35–40 Minuten ohne Wartezeit

Backzeit:
35–40 Minuten

Tipp:

Frische Hefe erkennt man an der gleichmäßig gelblich-grauen Farbe und der festen, glatten Oberfläche. Sie lässt sich schichtweise zerbröckeln und riecht fein-säuerlich. Weil sie aber nur begrenzt lagerfähig ist, muss sie gut verpackt im Kühlschrank (am besten im Butterfach) aufbewahrt werden. Ist die Hefe zu alt, kommt sie bröckelig aus dem Papier, hat dunkle Ränder oder Risse, ist leicht schmierig (oder gar angeschimmelt) und riecht leicht modrig. Dann hat sie ihre Treibkraft teilweise oder sogar ganz verloren.

Hildesheimer Apfel-Nuss-Kuchen

VORBEREITUNGSZEIT:
30–35 Minuten ohne Wartezeit

BACKZEIT:
40–45 Minuten

FÜR 12–16 STÜCKE:

Für den Mürbeteig:
300 g Mehl, 150 g Zucker
1 Päckchen Vanillezucker, 1 Prise Salz
abgeriebene Schale von
½ unbehandelten Zitrone
2 Eigelb, 200 g Butter

Für die Füllung:
750 g Äpfel, 60 g Zucker
1 EL Butter, Saft von 1 Zitrone
1 Prise Zimt, 2 cl Rum
40 g Rosinen
100 g Löffelbiskuits
250 g gemahlene Walnüsse
100 g Zucker
1 Päckchen Vanillezucker
1 Prise Zimt, 125 ml Milch
1 EL Butter, 2 cl Rum

Außerdem:
Fett für die Form
1 Eigelb, 1 TL Sahne
3–4 EL Aprikosenmarmelade
1 großer Apfel
gehackte Pistazien zum Bestreuen
Walnusshälften zum Verzieren

1. Das gesiebte Mehl mit dem Zucker, dem Vanillezucker, dem Salz und der Zitronenschale auf eine Arbeitsfläche geben und eine Mulde in die Mitte drücken.

2. Die Eigelbe hineingleiten lassen, die Butter in Flöckchen an den Rand setzen und alles zu einem glatten Teig verkneten. Den Teig in Frischhaltefolie wickeln und im Kühlschrank eine Stunde ruhen lassen.

3. Die Äpfel schälen, entkernen und in Schnitze schneiden. Mit dem Zucker, der Butter, dem Zitronensaft, dem Zimt und dem Rum in einen Topf geben, erhitzen und bissfest garen. Die Rosinen einrühren und erkalten lassen.

4. Die Löffelbiskuits in einen Gefrierbeutel füllen und mit der Teigrolle zerbröseln. Gemahlene Walnüsse, Zucker, Vanillezucker und Zimt untermischen. Die Milch mit der Butter erhitzen, die Mischung einrühren, mit Rum aromatisieren und alles erkalten lassen.

5. Den Teig aus dem Kühlschrank nehmen und kurz durchkneten. Drei Viertel davon auf einer bemehlten Arbeitsfläche ausrollen und eine eckige, ausgefettete Springform (38 x 25 x 7 cm) damit auslegen, dabei einen 3 cm hohen Rand formen.

6. Die Nussmischung einfüllen und die Äpfel darauf verteilen. Den restlichen Teig auf einer bemehlten Arbeitsfläche dünn ausrollen, ein Rechteck von 38 x 25 x 7 cm ausschneiden und dieses als Deckel auf die Äpfel legen. Eigelb und Sahne verrühren, den Kuchen damit bestreichen und im auf 180 °C vorgeheizten Ofen 40–45 Minuten backen.

7. Die Aprikosenmarmelade erhitzen und durch ein Sieb streichen. Den fertigen Kuchen aus dem Ofen nehmen und sofort mit der Marmelade bestreichen. Anschließend erkalten lassen.

8. Den Apfel waschen, vierteln, entkernen und in Schnitze schneiden. Den Kuchen damit belegen, mit gehackten Pistazien bestreuen, mit Walnusshälften verzieren, in Stücke schneiden, dekorativ anrichten und servieren.

Käsekuchen mit Apfelkompott

Für 12–14 Stücke:

Für den Mürbeteig:
200 g Mehl
½ Päckchen Backpulver
50 g gemahlene Mandeln
100 g Zucker, 1 Ei
abgeriebene Schale von
½ unbehandelte Zitrone
100 g Butter oder Margarine
Fett für die Form

Für die Füllung:
4 Eigelb, 1 Päckchen Vanillezucker
1 Fläschchen Rumaroma
500 g Magerquark
2 Päckchen Vanillepuddingpulver
250 g Apfelkompott, 50 g Rosinen
4 Eiweiß

Außerdem:
100 g Apfelmus, 50 g Haselnusskrokant
100 g Aprikosenmarmelade
100 g Mandelblättchen
Apfelschnitze und Melisseblättchen zum Verzieren

Vorbereitungszeit:
30 Minuten ohne Wartezeit

Backzeit:
45–50 Minuten

1. Das gesiebte Mehl mit dem Backpulver, den Mandeln und dem Zucker vermischen und auf eine Arbeitsfläche geben.

2. Eine Mulde in die Mitte drücken, das Ei und die Zitronenschale hineingeben und die Butter oder Margarine in Flöckchen an den Rand setzen.

3. Das Ganze zu einem glatten Teig verkneten, diesen in Frischhaltefolie wickeln und im Kühlschrank eine Stunde ruhen lassen. Anschließend herausnehmen, nochmals kurz durchkneten und den Boden einer ausgefetteten Springform (26 cm Ø) damit auslegen.

4. Die Eigelbe mit dem Vanillezucker schaumig schlagen und das Rumaroma hinzufügen.

5. Den Quark mit dem Vanillepuddingpulver und dem Apfelkompott dazugeben, glatt rühren und die Rosinen hinzufügen. Die Eiweiße zu steifem Schnee schlagen und unterheben.

6. Die Masse auf dem Teig verteilen und den Kuchen im auf 180–200 °C vorgeheizten Backofen 45–50 Minuten backen. Herausnehmen, mit dem Apfelmus bestreichen und mit dem Krokant bestreuen.

7. Den Kuchen in der Form erkalten lassen und dann herauslösen. Den Kuchenrand mit der erhitzten, durch ein Sieb gestrichenen Aprikosenmarmelade bestreichen und mit Mandelblättchen bestreuen. Den Käsekuchen mit Apfelschnitzen und Melissezweigen verzieren, dekorativ anrichten und servieren.

Tipp:

Die gesunden Äpfel sollten im Haushalt stets vorrätig sein. Sie werden an einem kühlen, luftigen Ort, jedoch getrennt von Kartoffeln, aufbewahrt. In Frischhaltebeuteln oder in Zeitungspapier verpackt halten sie je nach Sorte mehrere Monate. Die besten Lageräpfel sind die Herbst- und Wintersorten, Sommersorten müssen schnell verbraucht werden. Lageräpfel werden nebeneinander so in Regale oder Holzkistchen gelegt, dass sie sich möglichst nicht berühren. Von Zeit zu Zeit sollte kontrolliert werden, verdorbene oder schadhafte Äpfel werden sofort aussortiert.

Apfelkuchen upside down

FÜR 12–14 STÜCKE:

2 große Äpfel
3 TL brauner Zucker
Backpapier für die Form
50 ml Speiseöl
50 g Zucker
2 Eier
125 ml Apfeldicksaft
250 g Mehl
2 TL Backpulver
1 TL gemahlener Ingwer
½ TL Salz, ½ TL Zimt
½ TL Nelkenpulver

Außerdem:
100 g Magerquark
1–2 EL Milch
Zucker nach Geschmack
Mandelstifte und ganze Mandeln zum Verzieren

1. Die Äpfel schälen und das Kerngehäuse herausstechen. Die Äpfel in Scheiben schneiden, im braunen Zucker wälzen und in eine mit Backpapier ausgelegte Springform (26 cm Ø) legen.

2. Die Äpfel im auf 175–180 °C vorgeheizten Backofen 15–20 Minuten vorbacken.

3. In der Zwischenzeit das Öl mit dem Zucker, den Eiern und dem Apfeldicksaft verrühren. Das gesiebte Mehl mit dem Backpulver, dem Ingwer, dem Salz, dem Zimt und dem Nelkenpulver vermischen und unterrühren.

4. Den Teig auf den vorgebackenen Apfelscheiben verteilen und den Kuchen bei gleicher Temperatur weitere 30 Minuten backen.

5. Den fertigen Kuchen herausnehmen, erkalten lassen und auf eine Tortenplatte stürzen.

6. Den Magerquark mit der Milch glatt rühren, mit Zucker nach Geschmack süßen und in einen Spritzbeutel mit Sterntülle füllen.

7. Rosetten in die Mitte der Äpfel spritzen, den Kuchen mit Mandelstiften und ganzen Mandeln verzieren, in Stücke schneiden, dekorativ anrichten und sofort servieren.

Vorbereitungszeit:
30–35 Minuten ohne Wartezeit

Backzeit:
45–50 Minuten

Tipp:

Äpfel gehören zum Kernobst, sie werden ganzjährig angeboten und sind je nach Sorte lange lagerfähig. Wegen ihrer vielen Ballaststoffe und des hohen Vitamin-C-Gehalts zählen Äpfel zu den gesunden Obstsorten. Das in den Apfelschalen enthaltene Pektin ist ein Ballaststoff, der sich günstig auf den Cholesterinspiegel auswirkt. Deshalb sollte man Äpfel möglichst ungeschält genießen. Ein Apfel (100 g) enthält ca. 55 kcal, zwischen 10 und 30 mg Vitamin C, ca. 144 mg Kalium, außerdem neben vielen anderen die Mineralstoffe Zink, Kalzium, Phosphor, Magnesium und Natrium sowie die Vitamine A und E, Niacin, Folsäure, Pantothensäure und Biotin.

Apfelkuchen mit Vanillepudding

FÜR 12–16 STÜCKE:

Für den Rührteig:
170 g Butter
170 g Zucker
4 Eier
340 g Mehl
4 gestrichene TL Backpulver
40 g gehackte Pistazien
Fett für das Blech

Für den Belag:
3 Päckchen Vanillepuddingpulver
75 g Zucker, 1 l Milch
2 Eigelb, 2 Eiweiß
1,5 kg Äpfel

Außerdem:
3–4 EL Aprikosenmarmelade
1–2 TL Wasser
20 g grob gehackte Pistazien

1. Die Butter mit dem Zucker schaumig schlagen und die Eier einzeln darunterschlagen.

2. Das gesiebte Mehl mit dem Backpulver vermischen und einrühren. Zum Schluss die gehackten Pistazien unterheben.

3. Einen eckigen Kuchenrahmen oder eine eckige Blechkuchen-Springform (38 x 25 x 7 cm, aus dem Fachhandel) auf ein gefettetes Backblech setzen, den Teig einfüllen und glatt streichen.

4. Aus dem Puddingpulver, dem Zucker, der Milch und den Eigelben einen Pudding kochen, etwas abkühlen lassen und die steif geschlagenen Eiweiße unterheben. Die Masse auf den Rührteig streichen.

5. Die Äpfel schälen, entkernen, in Spalten schneiden und dachziegelartig auf die Puddingcreme legen.

6. Den Kuchen im auf 200 °C vorgeheizten Backofen 35–40 Minuten backen.

7. Die Aprikosenmarmelade nach Bedarf mit etwas Wasser glatt rühren, erhitzen und durch ein Sieb streichen.

8. Den fertigen Kuchen aus dem Backofen nehmen, sofort mit der erhitzten und glatt gerührten Aprikosenmarmelade überziehen, mit den grob gehackten Pistazien bestreuen und erkalten lassen.

9. Den Apfelkuchen mit Pudding in Stücke schneiden, dekorativ anrichten und servieren.

VORBEREITUNGSZEIT:
30 Minuten ohne Wartezeit

BACKZEIT:
35–40 Minuten

TIPP:

Blechkuchen werden immer, wie schon der Name sagt, auf dem Backblech gebacken. Jeder Backherd verfügt über ein bis zwei Backbleche, die zum Backen in den Herd eingehängt werden. Der Handel bietet Backbleche in unterschiedlichen Größen an, manche davon sind sogar auf mehrere Größen ausziehbar. Welches Material Sie wählen, hängt auch von Ihrem Herd ab. Für Elektroherde empfehlen sich Backbleche aus Schwarzblech, sie haben gute Backeigenschaften, die Teige bräunen gut und gleichmäßig. Backbleche aus Weißblech sind ideal für Gasherde.

Apfelkuchen mit Quark-Öl-Teig

VORBEREITUNGSZEIT:
30 Minuten ohne Wartezeit

BACKZEIT:
40–45 Minuten

FÜR 12–16 STÜCKE:

Für den Quark-Öl-Teig:
300 g Mehl,1 Ei
150 g Quark
100 g Zucker
6 EL Sonnenblumenöl
6 EL Sahne
Fett für das Blech

Für die Quarkmasse:
500 g Quark, 3 Eier
1 Päckchen Vanillepuddingpulver
1 Päckchen Zitronenaroma
120 g Zucker
750 g Äpfel
Saft von 1 Zitrone

Für die Streusel:
150 g Mehl
100 g Butter
100 g Zucker
50 g gehackte Mandeln

Außerdem:
Puderzucker zum Bestäuben
Apfelschnitze und Rosmarinzweige zum Verzieren

1. Das gesiebte Mehl mit dem Ei, dem Quark und dem Zucker in eine Schüssel geben.

2. Das Sonnenblumenöl und die Sahne hinzufügen und die Zutaten mit den Knethaken des Handrührgerätes schnell zu einem glatten, kompakten Teig verkneten.

3. Den Teig auf einer bemehlten Arbeitsfläche in der Größe eines Backbleches ausrollen, auf das mit Backpapier ausgelegte Blech legen und mit einer Gabel mehrmals einstechen.

4. Für die Quarkmasse den Quark mit den Eiern, dem Puddingpulver, dem Zitronenaroma und dem Zucker in einer Schüssel schaumig rühren, das Ganze auf den Teig geben und glatt streichen.

5. Die Äpfel schälen, vierteln und das Kerngehäuse entfernen. Die Äpfel mit Zitronensaft beträufeln und in Würfel schneiden. Die Apfelwürfel auf die Quarkmasse legen.

6. Das gesiebte Mehl mit der Butter, dem Zucker und den gehackten Mandeln in einer Schüssel zu Streuseln verarbeiten und diese auf die Quarkmasse streuen.

7. Den Apfel-Streusel-Kuchen in dem auf 180 °C vorgeheizten Backofen 40–45 Minuten backen, herausnehmen und erkalten lassen.

8. Den Apfel-Streusel-Kuchen mit Puderzucker bestäuben und in Stücke schneiden. Mit den Apfelschnitzen und Rosmarinzweigen verzieren, dekorativ anrichten und servieren.

Gedeckter Apfelkuchen

Für 12–14 Stücke:

Für den Mürbeteig:
50 g gemahlene weiße Mandeln
200 g Mehl, 125 g Butter, 75 g Zucker
1 Päckchen Vanillezucker
1 Prise Salz, 1 Eigelb

Außerdem:
Fett für die Form
1 Päckchen Rumrosinen (125 g)
etwa 750 g säuerliche Äpfel
50 g Zucker, 2 Päckchen Vanillezucker
¼ TL Zimtpulver, 50 g Mandelblättchen
100 g Puderzucker, 4–5 EL Mandellikör
25 g geröstete, gehackte Mandeln

1. Mandeln, gesiebtes Mehl und gewürfelte Butter in eine Schüssel geben. Zucker, Vanillezucker, Salz und Eigelb hinzufügen und alles mit den Knethaken des Handrührgerätes schnell zu einem glatten, kompakten Teig verkneten.

2. Den Teig in Frischhaltefolie wickeln und im Kühlschrank mindestens eine Stunde ruhen lassen. Anschließend zwei Drittel des Teiges zwischen zwei Lagen bemehlter Frischhaltefolie etwas größer als eine Springform (26 cm Ø) ausrollen. Die obere Folie abziehen und den Teig umgedreht in die ausgefettete Form legen.

3. Den Rand etwa 4 cm hochziehen. Die zweite Folie abziehen und den Teig mit einer Gabel mehrmals einstechen.

4. Den restlichen Teig ebenfalls zwischen zwei Lagen bemehlter Folie in der Größe der Springform ausrollen und kalt stellen. Die Rosinen abtropfen lassen. Die Äpfel schälen, vierteln und entkernen. Die Äpfel würfeln, mit dem Zucker, dem Vanillezucker, dem Zimt und den Rosinen vermischen. Die Mandelblättchen unterheben. Die Füllung auf dem Teig verteilen.

5. Eine Folie von der Teigplatte vorsichtig ablösen, den Teig mithilfe der zweiten Folie umgedreht auf die Apfelfüllung legen und die Folie abziehen. Den Rand andrücken und den Teig mit einer Gabel mehrmals einstechen.

6. Den Kuchen im auf 170–180 °C vorgeheizten Backofen auf der untersten Schiene etwa 1 ½ Stunden backen.

7. Den Kuchen aus dem Ofen nehmen und in der Form 20 Minuten auskühlen lassen. Den Kuchenrand mit einem Messer vom Springformrand lösen und den Kuchen auf eine Kuchenplatte setzen.

8. Den gesiebten Puderzucker mit dem Mandellikör zu einem flüssigen Guss verrühren. Den Kuchen damit glasieren und den Rand mit den gerösteten, gehackten Mandeln bestreuen. Den Guss vollständig trocknen lassen und den Apfelkuchen erkalten lassen.

9. Den gedeckten Apfelkuchen bis zum Verzehr kühl aufbewahren.

Vorbereitungszeit:
35–40 Minuten ohne Wartezeit

Backzeit:
60–70 Minuten

Tipp:

Wenn in den Rezepten Mehl angegeben ist, so ist immer Weizenmehl der Type 405 gemeint. Diese Typenbezeichnung gibt den jeweiligen Mineralstoffgehalt des Mehles an. Da sich die Mineralstoffe unter der Schale des Getreidekorns befinden, ist der Gehalt beim Mehl mit der höchsten Typenbezeichnung auch am höchsten. Beim Weizenmehl kennen wir die Typen 405, 550, 630, 812 und 1050, beim Roggenmehl 997, 1150, 1350 und 1370. Beim Backen ist nicht der hohe Mineralstoffgehalt wichtig, sondern der so genannte Kleber, das Mehleiweiß. Der Kleber gerinnt bei Temperaturen von 60–70 °C und bildet dann das Gerüst des Backwerks. Weizenmehl besitzt einen hohen Anteil dieses Klebers und somit auch hervorragende Backeigenschaften.

Bratapfelkuchen mit Vanille

Für 12–14 Stücke:

Für den Mürbeteig:
200 g Mehl, ½ TL Backpulver
1 kleines Ei, 70 g Zucker
1 Päckchen Vanillezucker
100 g Butter

Für den Belag:
4 Äpfel, Backpapier für die Form
3 Eier, 50 g Zucker
1 Päckchen Vanillezucker
½ TL Zimtpulver
200 g Karamellsirup
1 Päckchen Vanillepuddingpulver
1 kg Quark
250 ml Sahne

Außerdem:
1 Apfel, Öl zum Ausbacken
gehackte Mandeln zum Bestreuen
Puderzucker zum Bestäuben

1. Die Teigzutaten zu einem glatten, kompakten Mürbeteig verkneten, in Frischhaltefolie wickeln und im Kühlschrank mindestens eine Stunde ruhen lassen.

2. Die Äpfel waschen, trocken tupfen, das Kerngehäuse ausstechen und die Äpfel in eine Auflaufform setzen. Im auf 180–200 °C vorgeheizten Backofen 10–15 Minuten braten, herausnehmen, erkalten lassen und halbieren.

3. Den Teig auf einer bemehlten Arbeitsfläche in der Größe einer Springform (26 cm Ø) ausrollen, in die mit Backpapier ausgelegte Form geben und einen Rand hochziehen. Die Bratäpfel auf den Teig legen.

4. Für den Belag die Eier mit dem Zucker, dem Vanillezucker, dem Zimt und dem Karamellsirup schaumig schlagen. Das Puddingpulver und den Quark untermischen.

5. Die Sahne einrühren und den Quark auf den Äpfeln verteilen. Glatt streichen und im auf 180 °C vorgeheizten Backofen 50–60 Minuten backen.

6. Nach Ende der Backzeit den Kuchen aus dem Ofen nehmen und in der Form erkalten lassen. Anschließend auf eine Kuchenplatte setzen.

7. Den Apfel waschen, trocken tupfen, das Kerngehäuse mit einem Ausstecher entfernen und den Apfel in feine Scheiben schneiden.

8. Etwas Öl in einer Pfanne erhitzen, die Apfelscheiben darin ausbacken, herausnehmen und auf Küchenkrepp abtropfen lassen.

9. Die Apfelscheiben zu Rosetten drehen, auf den Kuchen legen und diesen mit Mandeln bestreuen. Den Bratapfelkuchen mit Puderzucker bestäuben, dekorativ anrichten und servieren.

Tipp:

Beim Einkauf sollten Sie Äpfel aus heimischem Anbau bevorzugen, da die Qualität ausgezeichnet ist und die Lieferwege kurz sind. Große Apfelanbaugebiete liegen unter anderem am Bodensee, in Baden, im Rheinland, in Norddeutschland, Sachsen und Brandenburg. Ab Februar werden Äpfel aus Südamerika oder Südafrika importiert. Apfelhälften oder -viertel schneidet man auf der Oberseite mit einem scharfen Messer mehrmals ein. Grob geraspelte Äpfel machen den Kuchenteig besonders saftig. Äpfel können mit vielen anderen Zutaten zu herrlichen Kuchen verarbeitet werden. Sehr gut passen Nüsse, Mandeln oder Kokosflocken dazu. Mohn, Rosinen, Schokolade oder Marzipan verleihen dem Apfelkuchen ein ganz besonderes Aroma.

Vorbereitungszeit:
30 Minuten ohne Wartezeit

Backzeit:
45–50 Minuten

Zitronen-Apfel-Käsekuchen

Vorbereitungszeit:
30 Minuten ohne Wartezeit

Backzeit:
50–55 Minuten

Für 12–14 Stücke:

Für den Mürbeteig:
250 g Mehl, 1 Ei
175 g Butter
175 g Zucker
1 Päckchen Zitronenaroma
50 g geschälte, fein gemahlene Mandeln
Fett für die Form

Für die Käsecreme:
etwa 750 g säuerliche Äpfel
3 Eier, 150 g Zucker
abgeriebene Schale von
1 unbehandelten Zitrone
1 Päckchen Zitronenaroma
750 g Quark
1 Päckchen Sahnepuddingpulver
200 ml Sahne

Außerdem:
100 g Puderzucker
Zitronensaft nach Bedarf
75 g Haselnusskrokant
100 g Zucker, Apfelspalten
geraspelte, weiße Schokolade zum Bestreuen
Melisseblättchen zum Garnieren

1. Das Mehl auf eine Arbeitsfläche sieben, eine Mulde eindrücken und das Ei hineingeben.

2. Die Butter in Flöckchen auf das Mehl setzen, den Zucker, das Zitronenaroma und die gemahlenen Mandeln darüberstreuen. Die Zutaten mit bemehlten Händen von außen nach innen schnell zu einem glatten, kompakten Teig verkneten.

3. Den Teig in Frischhaltefolie wickeln und im Kühlschrank mindestens eine Stunde ruhen lassen. Den Teig auf einer bemehlten Arbeitsfläche in der Größe einer Springform (26 cm Ø) ausrollen und in die ausgefettete Form legen, dabei einen kleinen Rand hochziehen.

4. Die Äpfel schälen, vierteln, entkernen und gleichmäßig auf den Mürbeteigboden legen. Die Eier mit dem Zucker, der Zitronenschale und dem Zitronenaroma in eine Schüssel geben und schaumig schlagen.

5. Den Quark, das Puddingpulver und die Sahne unterrühren. Die Masse auf den Mürbeteig geben, glatt streichen und den Kuchen im auf 180 °C vorgeheizten Backofen 50–55 Minuten backen.

6. Nach Ende der Backzeit den Kuchen aus dem Ofen nehmen, erkalten lassen und auf eine Kuchenplatte legen.

7. Den gesiebten Puderzucker mit Zitronensaft zu einem flüssigen Guss verrühren und den Kuchen damit bestreichen. Den Rand des Kuchens mit Haselnusskrokant bestreuen.

8. Den Zucker in einem Topf leicht karamellisieren lassen, die Apfelspalten darin wenden, herausnehmen und erkalten lassen.

9. Den Kuchen mit den karamellisierten Apfelspalten belegen, mit der geraspelten Schokolade bestreuen und mit Melisseblättchen garnieren.

10. Den Guss vollständig trocknen lassen und den Zitronen-Apfel-Käsekuchen bis zum Verzehr kühl aufbewahren.

Versunkener Apfelkuchen mit Krokant

Für 12–16 Stücke:

Für den Rührteig:
250 g Butter
225 g Zucker
2 Päckchen Vanillezucker
4 Eier
500 g Mehl
1 Päckchen Backpulver
100 ml Apfelsaft

Außerdem:
Fett für das Blech
1,5 kg süßsäuerliche Äpfel
Saft von 1 Zitrone
Zuckerwasser zum Blanchieren
100 g Aprikosenmarmelade
50 g Krokant zum Bestreuen
Rosmarinzweige zum Verzieren

Vorbereitungszeit:
30 Minuten ohne Wartezeit

Backzeit:
45–50 Minuten

Tipp:

Wenn der Rührkuchen noch lockerer werden soll, kann man entweder Naturjoghurt oder Mineralwasser mit Kohlensäure mitverarbeiten. Der Joghurt macht den Rührteig deutlich lockerer und weicher. Alternativ kann auch das Mineralwasser verwendet werden, welches den Kuchen dazu sehr luftig macht. Dafür mischt man dem Teig entweder die Menge an Mineralwasser bei, die ihm an Milch hinzugefügt werden soll oder man verwendet 50 % Milch und 50 % Mineralwasser, um nicht auf das Milcharoma verzichten zu müssen.

1. Die Butter mit dem Zucker und dem Vanillezucker in einer Schüssel schaumig schlagen.

2. Die Eier einzeln nach und nach unterrühren.

3. Das Mehl mit dem Backpulver vermischen, daraufsieben und unterheben. Zum Schluss den Apfelsaft unterrühren.

4. Die Äpfel schälen, entkernen, halbieren, mit Zitronensaft beträufeln und die Apfelhälften in kochendem Zuckerwasser kurz blanchieren. Die Apfelhälften herausnehmen, gut abtropfen und erkalten lassen.

5. Den Teig auf einem gefetteten Backblech oder in einer eckigen, gefetteten Blechkuchen-Springform (38 x 25 x 7 cm) glatt streichen und die Apfelhälften hineindrücken.

6. Den Kuchen im auf 180 °C vorgeheizten Backofen 45–50 Minuten backen, herausnehmen und mit der verrührten Aprikosenmarmelade glasieren.

7. Den Apfelkuchen mit Krokant bestreuen und erkalten lassen. Den versunkenen Apfelkuchen in Stücke schneiden, auf einer Kuchenplatte dekorativ anrichten, mit Rosmarinzweigen verzieren und servieren.

Apfelkuchen mit Marzipanguss

FÜR 12–16 STÜCKE:

Für den Mürbeteig:
300 g Mehl
1 gestrichener TL Backpulver
150 g Zucker, 1 Päckchen Vanillezucker
175 g Butter, Fett für das Blech
150 g Maronenpüree (aus der Dose)

Für den Belag:
1,5 kg Äpfel
Saft von 1 Zitrone

Für den Marzipanguss:
1 Päckchen Vanillepuddingpulver
100 g Zucker, 4 Eigelb
200 ml Sahne, 500 ml Milch
200 g Marzipanrohmasse
4 Eiweiß, 1 Prise Salz

Außerdem:
150 g Apfelgelee
geraspelte Vollmilchschokolade zum Bestreuen
Rosmarinzweige zum Verzieren

VORBEREITUNGSZEIT:
30 Minuten ohne Wartezeit

BACKZEIT:
45–50 Minuten

TIPP:

Äpfel sollten vor dem Verbrauch unter warmem Wasser gründlich gewaschen werden. Je nach Rezept werden sie kurz vor dem Backen geschält, in Spalten oder dünne Scheiben geschnitten und sofort mit Zitronensaft beträufelt, damit sie nicht braun werden. Das Kerngehäuse kann mithilfe eines Kernausstechers mühelos aus den ganzen Äpfeln ausgestochen werden. Mit einem scharfen Messer schneidet man das Kerngehäuse aus halbierten oder geviertelten Äpfeln heraus.

1. Das gesiebte Mehl mit dem Backpulver, dem Zucker und dem Vanillezucker in eine Schüssel geben.

2. Die kalte Butter in Flöckchen daraufsetzen und die Zutaten zu Streuseln verkneten.

3. Die Streusel in einer gefetteten Blechkuchen-Springform (27 x 18 x 7 cm) verteilen und leicht andrücken. Das Maronenpüree auf dem Streuselboden verstreichen.

4. Die Äpfel schälen, vierteln, entkernen und in kleine Stücke schneiden. Mit Zitronensaft beträufeln und auf dem Teig verteilen.

5. Das Puddingpulver mit dem Zucker, den Eigelben und der Sahne in eine Schüssel geben und glatt rühren.

6. Die Milch in einem Topf zum Kochen bringen und die klein geschnittene Marzipanrohmasse darin auflösen. Das angerührte Puddingpulver einrühren und das Ganze zu einem Pudding kochen.

7. Die Eiweiße mit dem Salz sehr steif schlagen, den Eischnee unter den heißen Pudding heben und den Guss auf den Äpfeln verteilen.

8. Den Apfelkuchen im auf 180 °C vorgeheizten Backofen 45–50 Minuten backen, herausnehmen und erkalten lassen.

9. Den Springformrand entfernen, den Apfelkuchen mit dem erhitzten und glatt gerührten Apfelgelee bestreichen und mit geraspelter Vollmilchschokolade bestreuen.

10. Den Apfelkuchen mit Marzipanguss in Stücke schneiden, dekorativ anrichten, mit Rosmarinzweigen verzieren und servieren.

Mohnkuchen mit Frischkäse

Vorbereitungszeit:
30 Minuten ohne Wartezeit

Backzeit:
40–45 Minuten

Für 12–16 Stücke:

Für den Mürbeteig:
300 g Mehl, 1 Ei, 180 g Zucker
1 Päckchen Vanillezucker
180 g Butter
Backpapier für das Blech

Für die Füllung:
500 g Mohnfüllung (Fertigprodukt)
1 Päckchen Karamellpudding (Fertigprodukt)
600 g Äpfel

Für die Creme:
3 Eier, 120 g Zucker
1 Päckchen Vanillezucker
400 g Doppelrahmfrischkäse
1 Päckchen Vanillepuddingpulver
100 ml Sahne

Außerdem:
Puderzucker zum Bestäuben
Mohn zum Bestreuen
Apfelspalten und Rosmarinzweige zum Verzieren

1. Das Mehl auf eine Arbeitsfläche sieben und eine Mulde eindrücken. Das Ei hineingeben, den Zucker und den Vanillezucker darüberstreuen. Die Butter in Flöckchen auf das Mehl setzen.

2. Die Zutaten mit bemehlten Händen von außen nach innen schnell zu einem Mürbeteig verkneten. Den Teig in Frischhaltefolie wickeln und im Kühlschrank mindestens eine Stunde ruhen lassen.

3. Den Teig auf einer bemehlten Arbeitsfläche in der Größe eines Backbleches ausrollen, auf das mit Backpapier belegte Blech oder in eine Blechkuchen-Springform (38 x 25 x 7 cm) legen und einen Rand hochziehen.

4. Die Mohnfüllung mit dem Karamellpudding glatt rühren und gleichmäßig auf den Teig streichen.

5. Die Äpfel waschen, schälen, entkernen und in Würfel schneiden. Die Apfelwürfel auf der Mohnmasse verteilen.

6. Für die Creme die Eier mit dem Zucker und dem Vanillezucker weißschaumig schlagen. Den Doppelrahmfrischkäse, das Puddingpulver und die Sahne unterrühren.

7. Die Masse auf die Apfelwürfel geben und glatt streichen. Den Kuchen im auf 180 °C vorgeheizten Backofen 40–45 Minuten backen, herausnehmen und erkalten lassen.

8. Den Mohnkuchen mit Puderzucker bestäuben und mit Mohn bestreuen. Mit Apfelspalten und Rosmarinzweigen verzieren und bis zum Verzehr kühl aufbewahren.

Tipp:

Ein besonders feines Aroma erhalten die Äpfel, wenn sie mit Gewürzen verfeinert werden. Zimt, Nelken, Kardamom, Ingwer, Vanille oder Anis verleihen dem Apfelkuchen das gewisse Etwas. Zum Beträufeln kann Zitronensaft mit Rum oder anderen hochprozentigen Spirituosen vermischt werden. Werden die vorbereiteten Apfelstücke unter den Kuchenteig gemischt, lässt man sie gut abtropfen, damit der Teig nicht zu weich wird.

Streuselkuchen mit Hefeboden und Äpfeln

FÜR 12–14 STÜCKE:

Für den Hefeteig:
125 ml lauwarme Milch
1/2 Päckchen Frischhefe
30 g Zucker, 200 g Mehl
50 g flüssige Butter
Fett für die Form

Für die Füllung:
1 kg säuerliche Äpfel
Saft von 1 Zitrone
4 TL Rum, 50 g Zucker

Für die Streusel:
250 g Semmelbrösel
125 ml flüssige Butter
50 g Zucker, 1 TL Zimt
50 g gehackte Mandeln

Außerdem:
Puderzucker zum Bestäuben
Apfelschnitze zum Verzieren

1. Die Milch mit der zerbröckelten Hefe und 1 TL Zucker in eine Schüssel geben und an einem warmen Ort 10 Minuten gehen lassen.

2. Den restlichen Zucker mit dem gesiebten Mehl in eine Schüssel geben, die Hefemilch angießen, die Butter hinzufügen und das Ganze zu einem glatten Teig verkneten. Zugedeckt an einem warmen Ort zur doppelten Menge aufgehen lassen.

3. Den Teig in der Größe einer Springform (26 cm Ø) ausrollen. Den Teig in die gefettete Form legen und einen Rand hochdrücken.

4. Die Äpfel schälen, entkernen, in Stücke schneiden, mit Zitronensaft und Rum beträufeln, mit Zucker bestreuen und 30 Minuten marinieren.

5. Für die Streusel die Semmelbrösel mit der flüssigen Butter, dem Zucker, dem Zimt und den Mandeln vermischen.

6. Die marinierten Äpfel gleichmäßig auf dem Teig verteilen, mit den Streuseln bestreuen und den Kuchen in dem auf 180 °C vorgeheizten Backofen etwa 45 Minuten backen.

7. Nach Ende der Backzeit den Apfelkuchen aus dem Ofen nehmen und in der Form leicht erkalten lassen.

8. Anschließend den Apfelkuchen aus der Form nehmen, auf eine Kuchenplatte setzen, mit Apfelschnitzen verzieren, mit Puderzucker bestäuben und bis zum Verzehr kühl stellen.

VORBEREITUNGSZEIT:
30 Minuten ohne Wartezeit

BACKZEIT:
45–50 Minuten

TIPP:

Ein einfacher Blechkuchen aus Hefeteig, belegt mit säuerlichen Apfelstücken und Streuseln, ist ein Hochgenuss. Wenn der Kuchen gelingen soll, muss die Hefe absolut frisch sein, damit sie den Teig richtig aufgehen lässt. Frische Hefe erkennt man am angenehm säuerlichen Geruch und am Aussehen. Sie muss weich sein und darf keine angetrockneten Ränder aufweisen. Frische Hefe sollte nicht zu lange gelagert werden, da sonst die Triebkraft nachlässt und der Kuchen misslingt. Gute Backergebnisse liefert auch Trockenhefe, die in kleinen Tüten im Handel angeboten wird. Sie ist sehr lange haltbar und deshalb zur Vorratshaltung bestens geeignet.

Topfenkuchen mit Äpfeln und Grieß

Für 12–14 Stücke:

Für den Mürbeteig:
250 g Mehl
1 Päckchen Vanillezucker
150 g Zucker, 1 Ei
125 g Butter
Fett für die Form
Semmelbrösel zum Ausstreuen

Für den Belag:
750 g Äpfel
Saft von 1 Zitrone
2 EL Zucker
1 Päckchen Vanillezucker
½ TL Zimtpulver
2 Eier, 150 g Zucker
1 Päckchen Vanillezucker
50 g Grieß
1 kg Magerquark
200 ml Sahne

Außerdem:
Apfelschnitze zum Verzieren
Kakaopulver zum Bestäuben
Rosmarinzweige zum Verzieren

Vorbereitungszeit:
40–45 Minuten ohne Wartezeit

Backzeit:
45–50 Minuten

1. Das Mehl auf eine Arbeitsfläche sieben, den Vanillezucker mit dem Zucker darüberstreuen und eine Mulde in die Mitte drücken.

2. Das Ei hineingleiten lassen, die Butter in Flöckchen an den Rand setzen und das Ganze zu einem glatten Teig verkneten.

3. Den Teig in Frischhaltefolie wickeln und im Kühlschrank eine Stunde ruhen lassen.

4. Anschließend auf einer bemehlten Arbeitsfläche ausrollen und eine ausgefettete, mit Semmelbröseln ausgestreute Springform (26 cm Ø) damit auslegen und einen 3 cm hohen Rand hochziehen.

5. Die Äpfel schälen, entkernen, in Stücke schneiden, mit Zitronensaft beträufeln und auf dem Teig verteilen. Den Zucker, den Vanillezucker und das Zimtpulver vermischen und über die Äpfel streuen.

6. Die Eier mit dem Zucker, dem Vanillezucker und dem Grieß in einer Schüssel verschlagen. Den Quark und die Sahne dazugeben und glatt rühren.

7. Die Masse auf die Äpfel geben, glatt streichen und den Kuchen in dem auf 180–200 °C vorgeheizten Backofen 45–50 Minuten backen. Herausnehmen und in der Form erkalten lassen.

8. Den Apfelkuchen aus der Form lösen und auf eine Kuchenplatte setzen. Mit Apfelschnitzen belegen, mit Kakaopulver bestäuben, mit Rosmarinzweigen garnieren, in Stücke schneiden, dekorativ anrichten und servieren.

Tipp:

Allein in Deutschland werden hunderte von Apfelsorten angebaut. Allerdings werden meist nur einige wenige Sorten im Handel angeboten. Zu den bekanntesten und meistverkauften Apfelsorten zählen z. B. Golden Delicious, Granny Smith oder Jonagold. Ihr Fruchtfleisch ist fest und knackig, das Aroma dagegen ist häufig nicht sehr ausgeprägt. Alte Sorten, wie z. B. Cox Orange, Boskop, Goldparmäne, Berlepsch oder Ingrid Marie, schmecken dagegen besonders aromatisch. Äpfel werden nach den verschiedenen Reifezeitpunkten eingeteilt. Sommersorten (von Juli bis August) sind z. B. Klarapfel und James Grieve.

Streuselkuchen mit Äpfeln vom Blech

Vorbereitungszeit:
30–35 Minuten ohne Wartezeit

Backzeit:
40–45 Minuten

Für 12–16 Stücke:

Für den Hefeteig:
½ Würfel Frischhefe
50 ml lauwarme Milch
50 g Zucker
250 g Mehl
1 Päckchen Vanillezucker
1 Prise Salz
1 Ei
50 g weiche Butter
Backpapier für das Blech

Für den Belag:
1500 g säuerliche Äpfel
100 g Zucker, ½ TL Zimtpulver
50 g Rosinen
250 g Mehl, 100 g Zucker
1 Päckchen Vanillezucker
125 g Butter

Außerdem:
Puderzucker zum Bestäuben
Mandelblättchen und Rosinen zum Bestreuen

1. Die Hefe in die lauwarme Milch bröckeln und 1 EL Zucker dazugeben. Das Ganze verrühren und zugedeckt an einem warmen Ort etwa 10 Minuten gehen lassen.

2. Das gesiebte Mehl mit dem restlichen Zucker, dem Vanillezucker, dem Salz, dem Ei und der weichen Butter in eine Schüssel geben, die Hefemilch angießen und alles zu einem glatten Teig verarbeiten.

3. Den Teig zugedeckt an einem warmen Ort zur doppelten Menge aufgehen lassen.

4. Den Teig auf einer bemehlten Arbeitsfläche ausrollen und ein mit Backpapier belegtes Backblech (30 x 40 cm) oder eine eckige Blechkuchen-Springform (38 x 25 x 7 cm) damit auslegen, dabei einen 3 cm hohen Rand hochziehen.

5. Die Äpfel schälen, entkernen, vierteln, mit dem Zucker, dem Zimtpulver und den Rosinen in einer Schüssel vermischen und auf dem Teig verteilen.

6. Das gesiebte Mehl mit dem Zucker, dem Vanillezucker und der Butter zu Streuseln verkneten und diese über die Äpfel streuen. Anschließend mit den Mandeln bestreuen.

7. Den Apfelkuchen in dem auf 180 °C vorgeheizten Backofen 40 Minuten backen, herausnehmen und auf einem Kuchengitter erkalten lassen.

8. Den Streuselkuchen mit Äpfeln vom Blech mit Puderzucker bestäuben, mit Mandelblättchen und Rosinen bestreuen, in Stücke schneiden und bis zum Verzehr kühl aufbewahren.

Tipp:

Zu den typischen Herbstsorten gehören Cox Orange, Elstar, Glockenapfel, Goldparmäne und Ingrid Marie. Bekannte Wintersorten sind Gloster, Berlepsch, Idared und Boskop. Bei Äpfeln unterscheidet man die Baum- oder Pflückreife sowie die Genussreife. Löst sich der Stiel des Apfels beim Anheben leicht vom Baum, so ist er pflückreif. Hat er seine optimalen Geschmackseigenschaften entwickelt, ist die Genussreife erreicht. Von der Pflückreife bis zur Genussreife können je nach Sorte Tage, Wochen oder Monate vergehen. Ein Boskop wird z. B. von September bis Oktober geerntet, seine Genussreife liegt erst in den Monaten November bis März oder April.

Apfel-Creme-Schnitten

VORBEREITUNGSZEIT:
30–35 Minuten ohne Wartezeit

BACKZEIT:
40–45 Minuten

FÜR 12–16 STÜCKE:

Für den Rührteig:
150 g Butter
175 g brauner Zucker
1 Päckchen Vanillezucker
5 Eier
350 g Mehl
3 TL Backpulver
75 g Schokostreusel
Fett für das Blech
750 g Apfelspalten

Für die Creme:
1 Päckchen Vanillepuddingpulver
500 ml Milch
2 EL Zucker
250 g Butter

Außerdem:
200 g Vollmilchglasur
Puderzucker zum Bestäuben

1. Die Butter mit dem Zucker und dem Vanillezucker schaumig schlagen. Die Eier einzeln nach und nach unterrühren.

2. Das gesiebte Mehl mit dem Backpulver und den Schokostreuseln vermischen, auf die Eicreme geben und unterheben.

3. Den Teig auf ein gefettetes Backblech (23 x 35 cm) oder in eine eckige Blechkuchen-Springform (38 x 25 x 7 cm) streichen und die Apfelspalten in den Teig drücken.

4. Den Kuchen im auf 180 °C vorgeheizten Backofen 40–45 Minuten backen, herausnehmen und auf dem Blech abkühlen lassen.

5. Den Pudding nach Packungsanweisung zubereiten und unter mehrmaligem Rühren erkalten lassen.

6. Die Butter schaumig schlagen und den Pudding esslöffelweise darunterschlagen. Die Creme auf den Kuchen streichen und im Kühlschrank fest werden lassen.

7. Die Vollmilchglasur nach Packungsanweisung zubereiten und den Kuchen damit überziehen. Die Glasur fest werden lassen.

8. Die Apfel-Creme-Schnitten mit Puderzucker bestäuben, in Stücke schneiden, dekorativ anrichten und servieren.

TIPP:

Zum Füllen von Apfeltorten eignen sich Quarkcremes, Joghurtcremes, Puddingcremes oder geschlagene, gesüßte Sahne. Wenn die Äpfel nicht mitgebacken werden, sollten sie vor dem Belegen vorgegart werden. Dazu schält man sie, schneidet sie in feine Spalten oder Würfel und lässt sie in Wasser, Wein oder Apfelsaft kurze Zeit dünsten. Je nach Geschmack können die Äpfel gezuckert und mit Gewürzen verfeinert werden. Nach dem Erkalten lässt man die Äpfel gut abtropfen und verwendet sie zum Füllen oder Belegen.

Register
Apfelkuchen

garant Verlag GmbH
Benzstraße 56
71272 Renningen
www.garant-verlag.de

ISBN 978-3-7359-1060-8

Erfahren Sie mehr!